ひらがなの生き方

むらかみのぶお / さくし
ながもり かおる / さっきょく

ひらがなの生き方

作詞　村上 信夫

あいしています
いまここに
うんでくれて
えらんでくれて
おかあさん

かんしゃしています
きれいなこころに
くじけないこころに
けじめのあるこころに
こびないこころに

さがしています
しんせつにしてくれたひとを
すてきなことをおしえてくれたひとを
せいせいどうどうとしていたひとを
そっとしておいてくれたひとを

たいせつにします
ちちははのこと
つかのまのこと
てまひまかけること
としをかさねること

なかないようにします
にくまれぐちをいわれても
ぬれぎぬをきせられても
ねたまれても
のけものにされても

はんせいしています
ひねくれたこと
ふへいをいったこと
へんけんをもったこと
ほかのひととくらべたこと

まんぞくしています
みんなのおかげさまだと
むすばれたごえんだと
めぐまれているからだと
もったいないことだと

やくそくします
ゆるがないいきかたを
よりそうことを

らしくいきていきます
りんとして
るいせんをゆるめても
れんめんとはせず
ろまんをわすれず

わらいをわすれないことを

ボクは、ひらがなが好きだ。

サインをするときも「むらかみのぶお」と書く。

ごつごつしていない。やわらかいのが好き。

ひらがなだけで詩を書こうと思った。

やわらかい心を持った生き方を目指す詩を。

こういう生き方がしたいという努力目標のつもりで書いた。

おかげさまで、共感してくださる方が多い。

特に「あ行」だ。

　　あいしています

　　いまここに

　　うんでくれて

　　えらんでくれて

　　おかあさん

母が亡くなる前に書いたのだが、生前、直接言えなかったことば。

いま、声に出して読むと、切ない想いがこみあげる。

まさに、この通りなのだ。

長森さんは、「あ行」を、最後にもう一度リフレインしてくださっている。

これが、また心に沁み入るのだ。

口ずさみたくなる曲に仕上げてくださり嬉しい限りだ。

実は、曲が完成した後、しばらくして「ら行」が抜けていることを指摘された。

まったくの手抜かり。苦心して「ら行」を追加。

長森さんには、完成後の曲に追加でメロディーをつけていただいた。

だが、さらに完成度が増した。

歌われることで、ことばが立ちあがり、踊り出す。

多くの人に伝われば、ひらがなたちも喜ぶはずだ。

村上　信夫

ひらがなの生き方

村上 信夫　作詞
長森 かおる　作曲

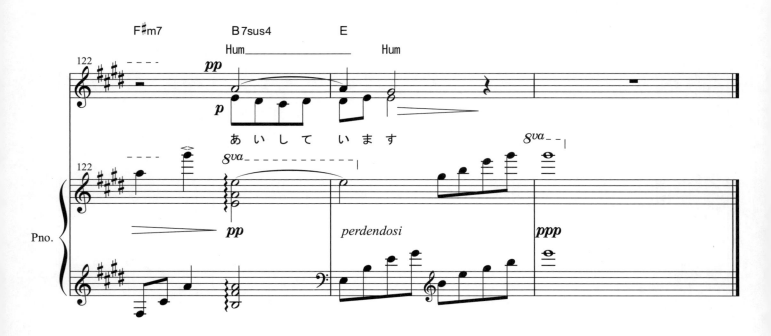

ひらがなの生き方

村上信夫・作詞

あいしています
いまここに
うんでくれて
えらんでくれて
おかあさん
あいしています

かんしゃしています
きれいなこころに
くじけないこころに
けじめのあるこころに
こびないこころに
かんしゃしています

さがしています
しんせつにしてくれたひとを
すてきなことをおしえてくれたひとを
せいせいどうどうとしていたひとを
そっとしておいてくれたひとを

たいせつにします
ちちははのこと
つかのまのこと
てまひまかけること
としをかさねること

なかないようにします
にくまれぐちをいわれても
ぬれぎぬをきせられても
ねたまれても
のけものにされても
なかないようにします

はんせいしています
ひねくれたこと
ふへいをいったこと
へんけんをもったこと
ほかのひととくらべたこと

まんぞくしています
みんなのおかげさまだと
むすばれたごえんだと
めぐまれているからだと
もったいないことだと

やくそくします
ゆるがないいきかたを
よりそうことを
やくそくします

らしくいきていきます
りんとして
るいせんをゆるめても
れんめんとはせず
ろまんをわすれず
わらいをわすれないことを

あいしています
いまここに
うんでくれて
えらんでくれて
おかあさん
あいしています

〈撮影・鶴崎燃〉

村上信夫

１９５３年、京都生まれ。元ＮＨＫエグゼクティブアナウンサー。
２００１年から１１年に渡り、『ラジオビタミン』や『鎌田實いのちの対話』など、
ＮＨＫラジオの「声」として活躍。
現在は、全国を講演で回り「嬉しい言葉の種まき」をしながら、
文化放送『日曜はがんばらない』月刊『清流』連載対談などで、新たな境地を開いている。
東京・恵比寿で毎月１回「村上信夫のトークライブ」を開催。各地で『ことば磨き塾』主宰。
http://murakaminobuo.com

長森かおる

神奈川県出身

洗足学園大学音楽学部ピアノ科卒業後、弾き語りコンサートや合唱団の指導、作曲編曲等を手掛ける。
第11回日本童謡創作コンクールにて「おむかえきてね」(石原一輝・詩)で優秀賞受賞。
作曲集「 地球はぼくらの星だから」(石原一輝作詞)上梓、組曲「無言館」(門倉さとし作詩／ヴォーカルアンサンブル「ももたらう」演奏)CD発売。音楽センターより組曲「無言館」楽譜集出版。
日本童謡協会作曲会員。日本音楽著作権協会準会員。

「ひらがなの生き方」　　　定価本体463円＋税　　　発行日2016年７月25日　　　初刷発行
　　　　　作詞　村上 信夫　　作曲　長森 かおる
　　　　　楽譜浄書　　原口 大康
　　　　　印刷　　アサガミプレスセンター株式会社
　　　　　日本音楽著作権協会（出）許諾 1607559-601号

※楽譜や歌詞などの出版物を権利者に無断で複製（コピー）することは著作権法により禁じられております。
　不法コピーの防止に、みなさまがたのご協力をお願いいたします。